ALFAGUARA

INFANTIL-JUVENIL

MARÍA ELENA WALSH

El Reino del Revés

Ilustraciones
NORA HILB

ALFAWalsh

1965, MARÍA ELENA WALSH

De esta edición

2000, Aguilar, Altea, Taurus, Alfaguara S.A.
Av. Leandro N. Alem 720 (C1001AAP) Ciudad de Buenos Aires, Argentina

ISBN 10: 950-511-636-5
ISBN 13: 978-950-511-636-2
Hecho el depósito que marca la Ley 11.723
Libro de edición argentina
Impreso en México. *Printed in Mexico.*

Primera edición: marzo de 2000
Décimotercera reimpresión: enero de 2008

Dirección editorial: Herminia Mérega
Subdirección editorial: Lidia Mazzalomo
Edición: María Fernanda Maquieira
Seguimiento editorial: Verónica Carrera
Diseño y diagramación: Michelle Kenigstein

Una editorial del Grupo **Santillana** que edita en:
España • Argentina • Bolivia • Brasil • Colombia
Costa Rica • Chile • Ecuador • El Salvador • EE.UU.
Guatemala • Honduras • México • Panamá • Paraguay
Perú • Portugal • Puerto Rico • República Dominicana
Uruguay • Venezuela

El Reino del Revés

UNA CALLE

En esta calle, señores,
todo el mundo mire bien,
que aquí pasan muchas cosas
pero muy pocas se ven.

Repartiendo morisquetas
pasa un mono en motoneta
–muy orondo–
con galera y camiseta.

Y allá va de caminata
–a la lata, al latero–
la hija
del chocolatero.

Allá pasa un barquillero
muy flacucho, muy flacucho.
Se ve que le pesa mucho
su latón de cucuruchos.

Aquí pasa un vigilante
que me lleva por delante.
Va contento, muy ligero:
se lo lleva preso al viento
porque le robó el sombrero.

Pasa un ángel con chupete
arrastrando un barrilete.
¡Cómo lo remontaría
si al viento no lo llevaran
preso a la comisaría!

¿Qué será eso que se muda
de una esquina a la otra esquina?
Es un árbol, sí, no hay duda.
Es un árbol que camina.

Pasan muchísimas cosas,
nadie me dirá que no.
Pasa muchísima gente.
Pasan todos, menos yo.

Que en seguidita me siento
para contarles un cuento.

VOY A CONTAR
UN CUENTO

Voy a contar un cuento.
A la una, a las dos, y a las tres:
Había una vez.

¿Cómo sigue después?

Ya sé, ya sé.
Había una casita,
una casita que...
Me olvidé.

Una casita blanca,
eso es,
donde vivía uno
que creo era el Marqués.

El Marqués era malo,
le pegó con un palo
a... No, el Marqués no fue.
Me equivoqué.

No importa. Sigo. Un día
llegó la policía.
No, porque no había.
Llegó nada más que él,
montado en un corcel
que andaba muy ligero.
Y había un jardinero
que era muy bueno pero.
Después pasaba algo
que no recuerdo bien.
Quizás pasaba el tren.

Pero lejos de allí,
la Reina en el Palacio
jugaba al ta te ti,
y dijo varias cosas
que no las entendí.
Y entonces...
Me perdí.

Ah, vino la Princesa
vestida de organdí.
Sí.
Vino la Princesa.
Seguro que era así.

La Reina preguntole,
no sé qué preguntó,
y la Princesa, triste,
le contestó que no.

Porque la Princesita
quería que el Marqués
se casara con ella
de una buena vez.
No, no, así no era,
era al revés.

La cuestión es que un día,
la Reina que venía
dio un paso para atrás.
No me acuerdo más.

Ah, sí, la Reina dijo:
—Hijita, ven acá.
Y entonces no sé quién.

Mejor que acabe ya.
Creo que a mí también
me llama mi mamá.

EL SOL

Si el sol en vez de sol fuera un balero
jugaría con él el día entero.
Pero como es de crema
a lo mejor me quema.
No tengo ganas de jugar. No quiero.

TWIST DEL MONO LISO

La naranja se pasea
de la sala al comedor.
No me tires con cuchillo,
tírame con tenedor.

ANÓNIMO

¿Saben, saben lo que hizo
el famoso Mono Liso?
A la orilla de una zanja
cazó viva una naranja:
¡Qué coraje, qué valor!
Aunque se olvidó el cuchillo
en el dulce de membrillo,
la cazó con tenedor.

A la hora de la cena
la naranja le dio pena.
Fue tan bueno Mono Liso
que de postre no la quiso.
El valiente cazador
ordenó a su comitiva
que se la guardaran viva
en el refrigerador.

Mono Liso en la cocina,
con una paciencia china,
la domaba día a día:
la naranja no aprendía.
Mono Liso, con rigor,
al fin la empujó un poquito,
y dio su primer pasito
la naranja, sin error.

La naranja, Mono Liso
la mostraba por el piso.
Otras veces, de visita
la llevaba en su jaulita.
Pero un día entró un ladrón.
Se imaginan lo que hizo.
El valiente Mono Liso
dijo: —¡Ay, qué papelón!

A la corte del rey Bobo
fue a quejarse por el robo.
Mentiroso el rey promete
que la tiene el Gran Bonete.
Porque sí, con frenesí,
de repente dice Mono:

—¡Allí está, detrás del trono,
la naranja que perdí!
Mas la Reina dice: —Ojo,
que yo tengo mucho antojo
de comer una ensalada
de naranja amaestrada.
Mono Liso contestó:
—Comerá cuando usted quiera
tres sandías y una pera,
pero mi naranja, no.

Y la Reina sin permiso
del valiente Mono Liso
escondió en una sopera
la naranja paseandera.
Mono Liso la salvó,
pero a fuerza de tapioca
la naranja estaba loca
y este cuento se acabó.

EL TRANVÍA

El último tranvía
que rueda todavía
se va, se va, se va.
Qué lástima me da,
pues ya no volverá.

Por un caminito de aserrín
va el tranvía, tin tilín tilín.

Pide una manzana y no le dan
ni una esquina, tan talán talán.

Si un tranvía va por un jardín
se equivoca, tin tilín tilín.

Y si choca con un capitán
paga multa, tan talán talán.

Si a un tranvía le brota un jazmín
en el techo, tin tilín tilín,

las hormigas cómo viajarán
de contentas, tan talán talán.

Si un tranvía toma naranjín
se emborracha, tin tilín tilín.

Pero si un tranvía come pan
no se empacha, tan talán talán.

LA RANA PERDIDA

¿Esta rana viene o va
por el río Paraná?
Interroga en guaraní
muy orondo un surubí.

—Pues chamigo, no lo sé,
le contesta un yacaré,
y sin duda no es de aquí
porque yo jamás la vi.

Ella nada más y más,
todo el mundo va detrás,
pues les llama la atención
una rana en camisón.

A la orilla sale al fin,
a llorar bajo un jazmín.
Y los bichos del lugar
bien la quieren consolar.

—¡Voy buscando a mi mamá
por el río Paraná,
pero tanta natación
me hará mal al corazón!

Todos, con desinterés,
le regalan media nuez
que la lleve a navegar
por el río y por el mar.

Con un palo y un botón
improvisan el timón,
y han arriado ya la vela
de pellejo de ciruela.

Hacia Curuzú-Cuatiá
la ranita se nos va.
Con tristeza y mucha tos,
todos le dicen adiós.

UNA NENA

Había una nenita en Tacuarí
que solamente hablaba con la i.
¡Qué papelón, un día,
delante de su tía,
en lugar de "papá", dijo "pipí"!

CANCIÓN PARA VESTIRSE

A levantarse,
dijo la rana,
mientras espiaba
por la ventana.

Un pajarito
que está en la cama
busca el zapato
bajo la rama.

Upa, dijeron
cuatro ratones,
y se quitaron
los camisones.

—No hallo mi flauta,
—protestó el grillo,
y la tenía
en el bolsillo.

Una gallina
muerta de risa
se pone el gorro
y la camisa.

Medio dormido
dice el morrongo:
—Cuando madrugo
siempre rezongo.

Y el sapo dice:
—¡Qué disparate,
desayunarse
con chocolate!

Tira con tirita
Y ojal con botón.

EL REINO DEL REVÉS

Me dijeron que en el Reino del Revés
nada el pájaro y vuela el pez,
que los gatos no hacen miau y dicen yes,
porque estudian mucho inglés.

Vamos a ver cómo es
el Reino del Revés.

Me dijeron que en el Reino del Revés
nadie baila con los pies,
que un ladrón es vigilante y otro es juez,
y que dos y dos son tres.

Vamos a ver cómo es
el Reino del Revés.

Me dijeron que en el Reino del Revés
cabe un oso en una nuez,
que usan barbas y bigotes los bebés,
y que un año dura un mes.

Vamos a ver cómo es
el Reino del Revés.

Me dijeron que en el Reino del Revés
hay un perro pekinés,
que se cae para arriba y una vez...
no pudo bajar después.

Vamos a ver cómo es
el Reino del Revés.

Me dijeron que en el Reino del Revés
un señor llamado Andrés
tiene 1530 chimpancés
que si miras no los ves.

Vamos a ver cómo es
el Reino del Revés.

Me dijeron que en el Reino del Revés
una araña y un ciempiés
van montados al palacio del Marqués
en caballos de ajedrez.

Vamos a ver cómo es
el Reino del Revés.

CANCIÓN DE BAÑAR LA LUNA
(JAPONESA)

Ya la Luna
baja en camisón
a bañarse en un charquito
con jabón.

Ya la Luna
baja en tobogán
revoleando su sombrilla
de azafrán.

Quien la pesque
con una cañita de bambú,
se la lleva
a Siu Kiu.

Ya la Luna
baja de perfil
con un abanico chico
de marfil.

Ya la Luna,
como son las seis,
rueda por su escalerita
de carey.

Ya la Luna
viene en palanquín
a robar un crisantemo
del jardín.

Ya la Luna
viene por allí.
Su kimono dice: No, no
y ella: Sí.

Quien la pesque
con una cañita de bambú,
se la lleva
a Siu Kiu.

Ya la Luna
baja muy feliz,
a empolvarse con azúcar
la nariz.

Ya la Luna,
en puntas de pie,
en una tacita china
toma té.

Ya la Luna
vino y le dio tos
por comer con dos palitos
el arroz.

Ya la Luna
baja desde allá
y por el charquito Kito
nadará.

Quien la pesque
con una cañita de bambú,
se la lleva
a Siu Kiu.

LA VIBORITA

La viborita se va
corriendo a Vivoratá
para ver a su mamá.

La cabeza ya llegó,
pero la colita no.

Terminó.

DON ENRIQUE DEL MEÑIQUE

Ni dormido ni despierto
como todas las mañanas,
don Enrique del Meñique
tiene ganas, muchas ganas
de tomar su desayuno
con catorce Mediaslanas.

Don Enrique tiene casa
con muchísimos jardines,
y por entre sus rosales
se pasea con patines,
pero ¡ay! esa mañana
se enganchó los Pantalines.

Se imaginan qué porrazo,
se imaginan qué caída.
Allí cerca lo esperaba
una mesa bien servida:
don Enrique, de nariz,
se cayó en la Mermelida.

Don Enrique pataleaba:
"¡Los bomberos, accidente!".
Nadie, nadie lo escuchaba,
pero en el balcón de enfrente,
atraído por los gritos
asomose un Elefente.

Estiró bien la trompita
tras las rejas de su cucha,
pero el pobre era tan miope
que después de mucha lucha,
en lugar de don Enrique
levantó una Cucarucha.

Pero al fin llegó el bombero
todo envuelto en una cinta.
Lo que había en su manguera
no era agua, sino tinta,
y empuñaba, en vez del hacha,
un dorado Sacapinta.

Don Enrique dio las gracias
al bombero papanata,
que después de rescatarlo
de aventura tan ingrata,

pedaleando para atrás
se alejó en su Biciclata.

Don Enrique dijo: —¡Al fin,
podré darme mi banquete!
pero vio con gran sorpresa
a un morrongo meterete
sumergido de cabeza
en su bol de Chocolete.

El morrongo comilón
se marchó tal como vino,
y un perrito pekinés
empezó a ladrar en chino
porque el pobre don Enrique
se quedó sin Desayino.

EL MAR

Si el mar fuera una enorme naranjada
yo probaría media cucharada,
   pero como es de avena
   lo dejo allí en la arena,
porque la sopa no me gusta nada.

CANCIÓN DE LA VACUNA

Había una vez un bru,
un brujito que en Gulubú
a toda la población
embrujaba sin ton ni son.

Paseaba una vez Mambrú
por el bosque de Gulubú.
El brujito se acercó
y el resfrío le contagió.

La vaca de Gulubú
no podía decir ni mu.
El brujito la embrujó
y la vaca se enmudeció.

Los chicos eran muy bu,
burros todos en Gulubú.
Se olvidaban la lección
o sufrían de sarampión.

Pero entonces llegó el Doctorrrr
manejando un cuatrimotorrrr.
¿Y saben lo que pasó?
¿No?
Todas las brujerías
del brujito de Gulubú
se curaron con la vacú
con la vacuna
luna luna
lu.

Ha sido el brujito el u,
uno y único en Gulubú
que lloró, pateó y mordió
cuando el médico lo pinchó.

Y después se marchó el Doctorrrr
manejando el cuatrimotorrrr.

EN UNA CAJITA DE FÓSFOROS

En un cajita de fósforos
se pueden guardar muchas cosas.

Un rayo de sol, por ejemplo.
(Pero hay que encerrarlo muy rápido,
si no, se lo come la sombra.)
Un poco de copo de nieve,
quizá una moneda de luna,
botones del traje del viento,
y mucho, muchísimo más.

Les voy a contar un secreto.
En una cajita de fósforos
yo tengo guardada una lágrima,
y nadie, por suerte, la ve.
Es claro que ya no me sirve.
Es cierto que está muy gastada.

Lo sé, pero qué voy a hacer,
tirarla me da mucha lástima.

Tal vez las personas mayores
no entiendan jamás de tesoros.
"Basura", dirán, "Cachivaches",
"No sé por qué juntan todo esto".
No importa, que ustedes y yo
igual seguiremos guardando
palitos, pelusas, botones,
tachuelas, virutas de lápiz,
carozos, tapitas, papeles,
piolín, carreteles, trapitos,
hilachas, cascotes y bichos.

En una cajita de fósforos
se pueden guardar muchas cosas.
Las cosas no tienen mamá.

CANCIÓN DEL JACARANDÁ

Al este y al oeste
llueve y lloverá
una flor y otra flor celeste
del jacarandá.

La vieja está en la cueva
pero ya saldrá
para ver qué bonito nieva
del jacarandá.

Se ríen las ardillas,
ja jajá jajá,
porque el viento le hace cosquillas
al jacarandá.

El cielo en la vereda
dibujado está
con espuma y papel de seda
del jacarandá.

El viento como un brujo
vino por acá.
Con su cola barrió el dibujo
del jacarandá.

Si pasa por la escuela,
los chicos, quizá,
se pondrán una escarapela
de jacarandá.

En el país de Nomeacuerdo
doy tres pasitos y me pierdo.

Un pasito para allí,
no recuerdo si lo di.
Un pasito para allá,
ay qué miedo que me da.
Un pasito para atrás
y no doy ninguno más
porque ya, ya me olvidé
dónde puse el otro pie.

CANCIÓN DEL JARDINERO

Mírenme, soy feliz
entre las hojas que cantan
cuando atraviesa el jardín
el viento en monopatín.

Cuando voy a dormir
cierro los ojos y sueño
con el olor de un país
florecido para mí.

Yo no soy un bailarín
porque me gusta quedarme
quieto en la tierra y sentir
que mis pies tienen raíz.

Una vez estudié
en un librito de yuyo
cosas que sólo yo sé
y que nunca olvidaré.

Aprendí que una nuez
es arrugada y viejita,
pero que puede ofrecer
mucha, mucha, mucha miel.

Del jardín soy duende fiel,
cuando una flor está triste
la pinto con un pincel
y le toco el cascabel.

Soy guardián y doctor
de una pandilla de flores
que juegan al dominó
y después les da la tos.

Por aquí anda Dios
con regadera de lluvia
o disfrazado de sol
asomando a su balcón.

Yo no soy un gran señor,
pero en mi cielo de tierra
cuido el tesoro mejor:
mucho, mucho, mucho amor.

LA CALLE DEL GATO QUE PESCA

Peligroso es
andar por la Ca,
la Calle del Ga,
del Gato que Pes,
que Pesca y después
se esconde y escá-
pa pa pa pa.

¿Lo ves o no lo ves
al Gato que Pes?
allí, allí,
sentado en su ventaní.

A la gente que
pasa distraí,
el gato bandí
con caña y anzué
les pesca el sombré,
sombrero y el mo-
ño ño ño ño.

Pues el Gato así
pescó mi galé,
turbantes, boné-
tes y capelí
de gente que pa
bajo su ventá-
na na na na.

Poquito a poquí,
debajo su cu-
cha ya tiene u-
na sombrererí,
mientras se resfrí
la gente y se empá-
pa pa pa pa.

El Gato francés,
con tanto sombré,
nadie sabe qué
qué hace después,
y el asunto es
es que se disfrá-
za za za za.

Ya la policí
buscándolo está
de aquí para allá
al Gato bandí
que se esconde, y
es muy misterió-
so so so so.

Pero el Gato un dí
salió disfrazá
con gorra de la
de la policí.
Disfrazado así
dio una caminá-
ta ta ta ta.

Así disfrazá
oyó la denún-
cia de un transeún
contra un gato ma,
porque le ha robá
robado el boné-
te te te te.

El Gato no pue
decirle: Soy yo.
Confundido, no
tiene más remé
que llevarse pre,
preso al calabó-
zo zo zo zo.

CANCIÓN DE TITINA

¿Por dónde camina
la hormiga Titina
con una sombrilla
de flor amarilla?
Ay, que trastabilla.

Camina con maña
por la telaraña,
porque tiene en vista
ser equilibrista.
Es muy deportista.

—¡Titina, no sigas!
—gritan las hormigas—.
¡De mala manera
la Araña te espera
con una tetera!

—En cuanto se asome
te caza y te come.
Y Titina ¡zas!

se cae para atrás,
del susto nomás.

La Araña se asoma
y dice: —Qué broma,
hoy me quedaré
sin tomar el té.
Y adelgazaré...

A regañadientes
se quita los lentes,
y cierra el balcón
con desilusión,
la Araña en batón.

Titina en la tela
perdió tres chinelas.
Con las otras tres,
puestas al revés,
baila chamamés.

UN REY

En Inglaterra hubo una vez un rey
que promulgó una interesante ley:
"Los calvos, si los hay,
podrán decir: caray,
y usar un peinecito de carey."

CANCIÓN DEL ESTORNUDO

En la guerra le caía
mucha nieve en la nariz,
y Mambrú se entristecía.
Atchís.

Como estaba tan resfriado
disparaba su arcabuz
y salían estornudos.
Atchús.

En mitad de la batalla
se sonaba la nariz
con un pañuelito blanco.
Atchís.

Con el frío y el resfrío
le dio tanto patatús,
que al ratito pidió gancho.
Atchús.

Los soldados se sentaron
a la sombra de un fusil
a jugar a las barajas.
Atchís.

Mientras hasta la farmacia
galopando iba Mambrú,
y el caballo estornudaba.
Atchús.

Le pusieron cataplasmas
de lechuga y aserrín,
y el termómetro en la oreja.
Atchís.

Se volcó en el uniforme
el jarabe de orozuz,
cuando el boticario dijo:
Atchús.

Le escribió muy afligido
una carta al rey Pepín,
con las últimas noticias.
Atchís.

Cuando el rey abrió la carta
la miró bien al trasluz,
y se contagió en seguida.
Atchús.

"¡Que suspendan esa guerra!"
ordenaba el rey Pepín.
Y la Reina interrumpía:
Atchís.

Se pusieron muy contentos
los soldados de Mambrú,
y también los enemigos.
Atchús.

A encontrarse con su esposa
don Mambrú volvió a París.
Le dio un beso y ella dijo:
Atchís.

Es mejor la paz resfriada
que la guerra con salud.
Los dos bailan la gavota.
Atchús.

PATATÍN Y PATATÁN

¿Dónde van, dónde van
Patatín y Patatán?
Patatín se va a Junín,
Patatán a Tucumán,
a comer un salamín
con pan.

MANUELITA LA TORTUGA

Manuelita vivía en Pehuajó
pero un día se marchó.
Nadie supo bien por qué
a París ella se fue,
un poquito caminando
y otro poquitito a pie.

Manuelita un tarde se miró
en un charco y se afligió.
Dijo: —Yo no sé por qué
estoy arrugandomé,
si desde hace ochenta años
tengo un cutis de bebé.

Manuelita una vez se enamoró
de un tortugo que pasó.
Dijo: —¿Qué podré yo hacer?
Vieja no me va a querer;
en Europa y con paciencia
me podrán embellecer.

Manuelita por fin llegó a París
en los tiempos del rey Luis.
Se escondió bajo un colchón
cuando la Revolución,
y al oír la Marsellesa
se asomó con precaución.

En la tintorería de París
la pintaron con barniz,
la plancharon en francés
del derecho y del revés,
le pusieron peluquita
y botines en los pies.

Tantos años tardó en cruzar el mar,
que allí se volvió a arrugar,
y por eso regresó
vieja como se marchó,
a buscar a su tortugo
que la espera en Pehuajó.

Manuelita, Manuelita,
Manuelita dónde vas
con tu traje de malaquita
y tu paso tan audaz.

COCODRILO

C ocodrilo
come coco,
muy tranquilo,
poco a poco.

Y ya separó un coquito
para su cocodrilito.

CHACARERA DE LOS GATOS

Tres morrongos elegantes
de bastón, galera y guantes,
dando muchas volteretas
prepararon sus maletas.

Toda la ratonería
preguntó con picardía:
—¿Micifuces, dónde van?
—Nos vamos a Tucumán.

Pues les han pasado el dato
que hay concursos para gato*,
los tres michis allá van
en tranvía a Tucumán.

Con cautela muy gatuna
cruzan la Mate de Luna,
y se tiran de cabeza
al Concurso de Belleza.

*Gato: Danza popular de la República Argentina.

Mas como el concurso era
para Gato... y Chacarera,
los echaron del salón
sin ninguna explicación.

Volvieron poco después,
las galeras al revés,
con abrojos en el pelo
y las colas por el suelo.

Le maullaron la verdad
a toda la vecindad:
—¡Tucumán es feo y triste
porque el gato allá no existe!

Los ratones escucharon
y en seguida se marcharon.
Los ratones allá van,
en tranvía a Tucumán.

EL SHOW DE PERRO SALCHICHA

Perro Salchicha gordo bachicha
toma solcito a la orilla del mar.
Tiene sombrero de marinero
y en vez de traje se puso collar.

Una gaviota medio marmota,
bizca y con cara de preocupación
viene planeando, mira buscando
el desayuno para su pichón.

Pronto aterriza porque divisa
un bicho gordo como un salchichón.
Dice "qué rico" y abriendo el pico
pesca al perrito como a un camarón.

Perro Salchicha con calma chicha
en helicóptero cree volar.
La pajarraca como lo hamaca
entre las nubes y arriba del mar.

Así lo lleva hasta la cueva
donde el pichón se cansó de esperar.
Pone en el plato liebre por gato,
cosa que a todos nos puede pasar.

El pichón pía con energía,
dice: —Mamá, te ha fallado el radar;
el desayuno es muy perruno
cuando lo pico se pone a ladrar.

Doña Gaviota va y se alborota,
Perro Salchicha un mordisco le da.
En la pelea, qué cosa fea,
vuelan las plumas de aquí para allá.

Doña Gaviota: ojo en compota.
Perro Salchicha con más de un chichón.
Así termina la tremolina,
espero que servirá de lección:

El que se vaya para la playa
que desconfíe de un viaje en avión,
y sobre todo haga de modo
que no lo tomen por un camarón.

CANCIÓN DE TOMAR EL TÉ

Estamos invitados
a tomar el té.
La tetera es de porcelana
pero no se ve.

La leche tiene frío
y la abrigaré:
le pondré un sobretodo mío
largo hasta los pies.

Cuidado cuando beban,
se les va a caer
la nariz dentro de la taza,
y eso no está bien.

Aquí las servilletas
hacen buen papel:
se convierten en conejitos
y echan a correr.

Detrás de una tostada
se escondió la miel.
La manteca, muy enojada,
la retó en inglés.

Mañana se lo llevan
preso a un coronel
por pinchar a la mermelada
con un alfiler.

Parece que el azúcar
siempre negra fue,
y de un susto se puso blanca
tal como la ven.

Un plato timorato
se casó anteayer.
A su esposa la cafetera
la trata de usted.

Los pobres coladores
tienen mucha sed
porque el agua se les escapa
cada dos por tres.

Yo no sé por qué.

BAGUALA DE JUAN POQUITO

Yo lo escucho
Juan Poquito
canta mucho.

Me parece que hay un Grillo
en la noche tucumana
que no canta con el pico
pero llora con las alas.

Juan Poquito se lamenta
que su novia la Chicharra
de repente y sin aviso
se le ha ido para Salta.

La Chicharra se le ha ido
pero no por ser ingrata,
se marchó porque tenía
su casita en una chala.

Hace nada más que un rato
al pasar un tren de carga
se llevó todos los choclos
con casita y con Chicharra.

Juan Poquito trepa a un árbol
y le manda un telegrama
por telégrafo sin hilos
a través de las montañas.

La Chicharra está llorando
locamente achicharrada
cuando escucha a Juan Poquito
que tristísimo la llama.

La Chicharra le contesta
por teléfono "de nada"
y le pide casamiento
pa' cuando le dé la gana.

Se casaron en seguida
Juan Poquito y la Chicharra,
a la vuelta de un carozo
entre Tucumán y Salta.

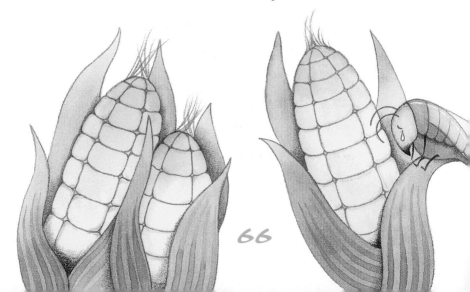

EL CISNE QUE LADRA

En una noche de luna,
en una noche de paz,
por la laguna
va y se desliza
como una S de tiza
un ladrón con antifaz.

Todo el mundo está en su cucha
roncando en tono menor,
y nadie escucha
ni desconfía
porque un pato policía
monta guardia alrededor.

En el agua hay un tesoro
que de día no se ve:
pepitas de oro,
rayos de plata,
tesoro de algún pirata
que lo abandonó y se fue.

Viene armado el delincuente
de un mapa y colador.
Tranquilamente
por la laguna
roba toda la fortuna
con modales de señor.

Llega el pato policía
y diciendo cua cua cua
lo desafía
mas no lo atrapa,
que el cisne ladrón escapa
a toda velocidad.

Cuando aclare en la laguna
anda a verlo y lo verás:
de la fortuna
no quedan huellas
porque el cisne robó estrellas.
Nada menos, nada más.

MARCHA DE OSÍAS

Osías el osito en mameluco
paseaba por la calle Chacabuco
mirando las vidrieras de reojo
sin alcancía pero con antojo.

Por fin se decidió y en un bazar
todo esto y mucho más quiso comprar.

Quiero tiempo pero tiempo no apurado,
tiempo de jugar que es el mejor.
Por favor me lo da suelto y no enjaulado
adentro de un despertador.

Osías el osito en el bazar
todo esto y mucho más quiso comprar.

Quiero un río con catorce pescaditos
y un jardín sin guardia y sin ladrón.
También quiero para cuando esté solito
un poco de conversación.

Osías el osito en el bazar
todo esto y mucho más quiso comprar.

Quiero cuentos, historietas y novelas
pero no las que andan a botón.
Yo las quiero de la mano de una abuela
que me las lea en camisón.

Osías el osito en el bazar
todo esto y mucho más quiso comprar.

Quiero todo lo que guardan los espejos
y una flor adentro de un raviol
y también una galera con conejos
y una pelota que haga ¡gol!

Osías el osito en el bazar
todo esto y mucho más quiso comprar.

Quiero un cielo bien celeste aunque me cueste
de verdad, no cielo de postal,
para irme por el este y el oeste
en una cápsula espacial.

Osías el osito en el bazar
todo esto y mucho más quiso comprar.

EL ADIVINADOR

La señora Nube Blanca
se encontró con un señor.
Le dijo: —Sos un cochino,
vas todo sucio de carbón.
Don Humo, muy ofendido,
¿saben qué le contestó?

Adivinador, adivina.
Adivina, adivinador.

La señora doña Luna
se encontró con un señor.
Le dijo: —Andate viejito
porque ya es tarde para vos.
Don Sol, muy avergonzado,
¿saben qué le contestó?

Adivinador, adivina.
Adivina, adivinador.

72

La señora doña Lluvia
se encontró con un señor.
Le dijo: —No me despeines
la peluquita, por favor.
Don Viento, muy prepotente,
¿saben qué le contestó?

Adivinador, adivina.
Adivina, adivinador.

La señora doña Estrella
se encontró con un señor.
Le dijo: —Por pura envidia
me querés arruinar el show.
Don Nubarrón, divertido,
¿saben qué le contestó?

Adivinador, adivina.
Adivina, adivinador.

LA REINA BATATA

Estaba la Reina Batata
sentada en un plato de plata.
El cocinero la miró
y la Reina se abatató.

La Reina temblaba de miedo,
el cocinero con el dedo
–que no que sí, que sí que no–
de mal humor la amenazó.

Pensaba la Reina Batata:
—Ahora me pincha y me mata.
Y el cocinero murmuró:
con ésta sí me quedo yo.

La Reina vio por el rabillo
que estaba afilando el cuchillo.
Y tanto, tanto se asustó
que rodó al suelo y se escondió.

Entonces llegó de la plaza
la nena menor de la casa.
Cuando buscaba su yo-yó
en un rincón la descubrió.

La nena en un trono de lata
la puso a la Reina Batata.
Colita verde le brotó
(a la Reina Batata, a la nena no).

Y esta canción se terminó.

CANCIÓN DEL CORREO

*V*eo veo veo
vuelan estampillas por el correo.
Mariposas son
que de noche duermen en el buzón.

La Paloma Mensajera
jefa de la sucursal
en el pico tiene un sobre
y en el sobre una postal.

Ya no sabe qué sucede
con el sello fechador:
pinta en vez de fechas negras
monigotes de color.

De repente un telegrama
se dobló como un avión
y salió por la ventana
volando en tirabuzón.

Muchas letras se levantan
de su cuna de papel
y se escapan caminando
como hormigas en tropel.

Las mayúsculas se caen
en la cola de pegar
pero como son tan gordas
no se pueden levantar.

Para colmo una encomienda
se desanudó el piolín
y se fue muy desenvuelta
a jugar con aserrín.

La Paloma se pasea
del pupitre al pizarrón
con los lentes en la pata
de la desesperación.

La Paloma está nerviosa,
la Paloma está tan mal
que se emborrachó de tinta
y se come el delantal.

Veo veo veo
vuelan estampillas por el correo.
Mariposas son
que de noche duermen en el buzón.

TRES CANCIONES
DE NAVIDAD

ZAMBA DEL NIÑITO

En este ranchito
está el Niño Dios
sentado en su cuna
y esperandonós.

El niño bonito
se puso a llorar
y la mamadera
le dio su mamá.

Jesusito ay sí
no se duerme ay no.
Le cantan los pajaritos
el arrorró.

Por una ventana
se asomó José.
Vio una vaca blanca
y también un buey.

Muchos angelitos
andan por aquí
vestidos de seda
tocando el violín.

Jesusito ay sí
no se duerme ay no.
Le cantan los pajaritos
el arrorró.

TRALALÁ DE NOCHEBUENA

En Belén ha nacido un niño
con tres pecas en la nariz.
Las campanas se despiertan,
todo el mundo está feliz.

Cuando vengan los Reyes Magos
yo no sé qué van a decir,
porque no tiene zapatos
ni siquiera un escarpín.

Su mamá la Virgen María
se pasea por el jardín
con mantilla de rocío
y corona de jazmín.

San José en la carpintería
toca el bombo y el tamboril.
Tiene barba de viruta
y bigote de aserrín.

Una burra con tres burritos
de visita llegó hasta allí
y una vaca con cencerro
que hace tin tilín tilín.

Tralalá qué felicidad
reír y cantar para Navidad.

COPLAS PARA NAVIDAD

No sé de dónde vengo
y voy para Belén.
Belén está muy lejos,
hay que tomar el tren,
cruzar el mar en coche,
después seguir a pie.

Belén no está lejos,
cerca está Belén.
Queda donde todos
nos portamos bien.

Se me ha perdido un niño
y no lo puedo hallar.
Lo andoy buscando a tientas
con gran necesidad.
Lo llamo y no contesta.
Yo llego y él se va.

El Niño está cerca,
ahí nomás está,
durmiendo tranquilo
junto a su mamá.

Recuerdo que hace añares
solíamos jugar.
Los dos éramos changos,
pero una Navidad
me fui para ser grande
y ya no lo vi más.

Pero Él no se cansa
nunca de jugar.
Sigue siendo chango
para Navidad.

Mis penas van delante,
mis culpas van detrás.
Hemos andado leguas,
ya no podemos más.
Y el Niño aquel quién sabe
si me recordará.

El Niño te espera,
ésa es la verdad,
metido en el hondo
de tu soledad.

Le llevé mil regalos
en cajas de cardón,
y voy con mucho miedo
porque alguien me contó
que el chango amigo mío
ahora es gran señor.

No le lleves nada,
nada, por favor,
más que un paquetito
con tu corazón.

Si un día al fin lo encuentro
¿cómo he de hablarle yo?
Me han dicho que parece
más sabio que un doctor,
y yo no sé latines
ni soy muy rezador.

No le digas nada
que es mucho mejor.
Cantale una copla
si te queda voz.

DATOS BIOGRÁFICOS DE MARÍA ELENA WALSH

Fotografía Sara Facio

P oeta, novelista, cantante, compositora, guionista de teatro, cine y televisión, es una figura esencial de la cultura argentina. Nació en Buenos Aires, en 1930.

Estudió en la Escuela Nacional de Bellas Artes. A los quince años comenzó a publicar sus primeros poemas en distintas revistas y medios, y dos años después, en 1947, apareció su primer libro de versos: *Otoño imperdonable*. En 1952 viajó a Europa donde integró el dúo Leda y María, con la folclorista Leda Valladares, y juntas grabaron varios discos. Hacia 1960, de regreso a la Argentina, escribió programas de televisión para chicos y para grandes, y realizó el largometraje *Jugue-mos en el mundo*, dirigida por María Herminia Avellane-da. En 1962 estrenó *Canciones para Mirar* en el teatro San Martín, con tan buena recepción por parte del pú-blico infantil que, al año siguiente, puso en escena *Doña Disparate y Bambuco*, con idéntica respuesta. En la mis-ma década, nacieron muchos de sus libros para chicos: *Tutú Marambá* (1960), *Zoo Loco* (1964), *El Reino del Revés* (1965), *Dailan Kifki* (1966), *Cuentopos de Gulubú* (1966) y *Versos tradicionales para cebollitas* (1967). Su producción infantil abarca, además, *El diablo inglés* (1974), *Chaucha y Palito* (1975), *Pocopán* (1977), *La nu-be traicionera* (1989), *Manuelita ¿dónde vas?* (1997) y *Canciones para Mirar* (2000).

Sus creaciones se han constituido en verdade-ros clásicos de la literatura infantil, cuya importancia trasciende las fronteras del país, ya que han sido tra-ducidas al inglés, francés, italiano, sueco, hebreo, da-nés y guaraní.

Entre sus personajes más famosos se destaca *Manuelita la tortuga*, que fue llevado al cine en dibujos animados con gran éxito.

En 1991 fue galardonada con el Highly Commended del Premio Hans Christian Andersen de la IBBY (International Board on Books for Young People).

ÍNDICE

PARA SEGUIR LEYENDO
Y CANTANDO...

Canciones para Mirar
de MARÍA ELENA WALSH

Es el libro más esperado por grandes y chicos.
Por primera vez, todas las canciones infantiles de
María Elena Walsh son reunidas en un único volumen
que merece un lugar destacado en tu biblioteca.
Si te gusta cantar, este libro será tu favorito.

Esta décimotercera reimpresión de
El Reino del Revés
se terminó de imprimir
en el mes de enero de 2008
en Editorial Impresora Apolo
Centeno 162, Col. Granjas Esmeralda
Delegación Iztapalapa, C. P. 09810
México, D. F.